**essentials**

*essentials* liefern aktuelles Wissen in konzentrierter Form. Die Essenz dessen, worauf es als „State-of-the-Art" in der gegenwärtigen Fachdiskussion oder in der Praxis ankommt. *essentials* informieren schnell, unkompliziert und verständlich

- als Einführung in ein aktuelles Thema aus Ihrem Fachgebiet
- als Einstieg in ein für Sie noch unbekanntes Themenfeld
- als Einblick, um zum Thema mitreden zu können

Die Bücher in elektronischer und gedruckter Form bringen das Expertenwissen von Springer-Fachautoren kompakt zur Darstellung. Sie sind besonders für die Nutzung als eBook auf Tablet-PCs, eBook-Readern und Smartphones geeignet. *essentials:* Wissensbausteine aus den Wirtschafts-, Sozial- und Geisteswissenschaften, aus Technik und Naturwissenschaften sowie aus Medizin, Psychologie und Gesundheitsberufen. Von renommierten Autoren aller Springer-Verlagsmarken.

Weitere Bände in dieser Reihe http://www.springer.com/series/13088

Michaela Kuhlmann

# Lesen lernen mit Erwachsenen nach dem IntraActPlus-Konzept

## Ein Leitfaden für die Arbeit mit Migranten und Analphabeten

 Springer

Michaela Kuhlmann
Gevelsberg, Deutschland

ISSN 2197-6708        ISSN 2197-6716   (electronic)
essentials
ISBN 978-3-658-18545-9        ISBN 978-3-658-18546-6   (eBook)
DOI 10.1007/978-3-658-18546-6

Die Deutsche Nationalbibliothek verzeichnet diese Publikation in der Deutschen Nationalbibliografie; detaillierte bibliografische Daten sind im Internet über http://dnb.d-nb.de abrufbar.

Gedruckt auf säurefreiem und chlorfrei gebleichtem Papier

Springer ist Teil von Springer Nature
Die eingetragene Gesellschaft ist Springer Fachmedien Wiesbaden GmbH
Die Anschrift der Gesellschaft ist: Abraham-Lincoln-Str. 46, 65189 Wiesbaden, Germany

# Was Sie in diesem *essential* finden können

- Wie die Vermittlung des Lesens ohne eine gemeinsame Sprache leicht und effektiv gelingen kann.
- Wie Sie das Arbeitsmaterial zum Erlernen des Alphabets (kulturfreie Methodik), des Lesens (Texte), der Druckschrift (Arbeitsblätter mit Schreiblinien) und eines Grundwortschatzes (Wortkärtchen) im Alphabetisierungskurs für Migranten, aber auch bei primären/sekundären/funktionalen Analphabeten einsetzen können.
- Worauf es ankommt, wenn Sie mit Menschen arbeiten, die noch keine Erfahrung mit lateinischen Buchstaben gemacht haben.
- Wie Sie mit Menschen unterschiedlichster Herkunft, Begabung, Bildung und Altersstufen gleichzeitig und dennoch individuell arbeiten können, sodass es zu einem guten Lernzuwachs und keiner Überforderung bei einzelnen Teilnehmern kommt.

# Vorwort

Ich habe inzwischen drei "ABC-Kurse" (Lesen und Rechtschreiben lernen nach dem IntraActPlus-Konzept) mit Flüchtlingen durchgeführt. Nach dem ersten Durchlauf war ich selbst überrascht, wie problemlos das Material auch von Erwachsenen angenommen wurde. Das langsame Vorgehen und die Wiederholungen ermöglichen es, den unterschiedlichen Lernvoraussetzungen der Schüler gerecht zu werden. Mir ist auch wichtig, dass neben dem Lesenlernen das eigene korrekte Schriftbild geübt wird. Auch hier bietet der Springer Verlag (im Gegensatz zu anderen Anbietern) genügend Anweisung und Material. Kurz gesagt: Lasst euch drauf ein, es macht allen Spaß und klappt bestimmt (*Veronika Garmeister, Dezember 2016*).

Dieses *essential* dient als Ergänzung zu dem Lehrwerk „Lesen und Rechtschreiben lernen nach dem IntraActPlus-Konzept. Vollständig individualisiertes Lernen in Klasse 1 und 2, Frühförderung, Kindergarten und Vorschule. Verhindert und therapiert Legasthenie" von den Autoren Jansen, Streit und Fuchs (2012). Es enthält neben dem vollständigen Leselernmaterial auch Schreiblernblätter für alle Druckbuchstaben, ca. 400 Lernkärtchen für das dazugehörige Rechtschreibtraining und eine ausführliche Anleitung für Pädagogen bzw. Bezugspersonen.

Außerdem werden einige wesentliche Bausteine (Ergebnisse der psychologischen Grundlagenforschung – wie unser Gehirn lernt) aus dem Gesamtkonzept „IntraActPlus" der Autoren Jansen und Streit aufgenommen und kurz erläutert.

Das IntraActPlus-Konzept als Ganzes hat das Ziel, über die Beziehung zwischen [Lernern und Lehrenden] und über angemessene Aufgabenstellungen den Aufbau von Wissensbeständen, Sozialverhalten und einer positiven Eigensteuerung zu fördern (Jansen, Streit u. Fuchs, S. 32, 2012).

Das Lese-Rechtschreibkonzept ist ein Teil des IntraActPlus-Konzepts. Es wurde von Jansen, Streit und Fuchs erstellt, „um allen Leistungsgruppen ein sicheres Automatisieren sämtlicher Verarbeitungsschritte, die für ein müheloses Lesen und Rechtschreiben erforderlich sind, zu ermöglichen. Dies bedeutet freie Kapazitäten für sinnerfassendes Lesen bzw. kompetentes, kreatives Schreiben. Ob die Möglichkeiten dieses Lernmaterials in vollem Umfang genutzt werden, hängt jedoch auch von anderen Faktoren ab, z. B. von der Beziehung zwischen [Lerner und Lehrendem]. Die Möglichkeiten, über „Beziehung" auf die Entwicklung einer günstigen Eigensteuerung und eines positiven Sozialverhaltens einzuwirken, wurden bereits im Buch „Positiv lernen" veröffentlicht (Jansen u. Streit 2006)."

Eine ausführliche Anleitung (Lehrerhandbuch) zur praktischen Umsetzung des Lesekonzeptes incl. der wissenschaftlichen Begründung erhalten Sie als kostenlosen Download unter https://www.intraactplus.de/buecher/) Ebenso finden Sie dort einen Link zur korrekten Aussprache der Buchstaben/Laute und zum Ausdrucken aller Übungsblätter mit Druckbuchstaben.

Dort gibt es auch Videos, die die Arbeit mit dem Material anschaulich darstellen.

Um mit dem Konzept arbeiten zu können, benötigt jeder Lerner ein eigenes Lehrwerk.

# Danksagung

Ein herzliches Dankeschön geht an das Ehepaar Gulami aus Afghanistan, das sich für das Fotoshooting zur Verfügung gestellt hat.

Ein besonderer Dank geht auch an die Fotografenmeisterin Kathrin Heumann, die mit einem klaren Blick fürs Wesentliche und viel Einfühlungsvermögen die Fotos angefertigt hat.

Von Herzen danke ich meiner Familie, die sowohl die ehrenamtliche Tätigkeit im Alphabetisierungskurs als auch die Erstellung dieses *essentials* mitgetragen hat.

Und ich möchte auch den Personen danken, die regelmäßig zum Kurs dazu kamen, um mit einigen Teilnehmern individuell zu arbeiten.

# Inhaltsverzeichnis

# Einleitung

**1**

Das Werk „Lesen und Rechtschreiben lernen nach dem IntraActPlus-Konzept"
wurde ursprünglich für Kinder entwickelt und ermöglicht hier eine enorme
Lerngeschwindigkeit. Es hat sich aber auch in der Arbeit mit Jugendlichen und
Erwachsenen gezeigt, dass diese erstaunliche Lerngeschwindigkeit auf Jugendliche und Erwachsene übertragbar ist.

In diesem *essential* stelle ich dar, was es zu beachten gilt, wenn Erwachsene
unterschiedlichster Herkunft nach diesem Konzept unterrichtet werden.

Dieses Konzept beruht – wie das IntraActPlus-Konzept als Ganzes – auf den
Ergebnissen der psychologischen Grundlagenforschung (wie unser Gehirn lernt).
D. h., dass der Aufbau des Konzeptes, also die Reihenfolge der Buchstaben und
Silben, die Farbfelder, die Häufigkeit der Silben, die Größe der Buchstaben, die
einzelnen Lernschritte usw. auf evidenzbasierten Studien der psychologischen
Grundlagenforschung beruhen und über viele Jahre getestet und verfeinert wurden; deshalb wird dringend davon abgeraten, das Konzept zu verändern. Selbstverständlich könnte es durch „erwachsene" Wörter erweitert werden, aber erst
dann, wenn alle Seiten automatisiert gelesen werden können. Dann allerdings
sollte es sowieso jedem gut angeleiteten Lerner, der das Lesewerk konsequent
durchgearbeitet hat, möglich sein, jegliche Literatur zu lesen.

In der Anleitung (kostenloser Download unter: https://www.intraactplus.de/
buecher/) zum Konzept ist von Kindern die Rede. Ersetzen Sie den Begriff für
sich einfach durch „Lerner".

▶   **Warum berücksichtigt dieses *essential* auch die deutschen Analpha-
    beten?** Meine Erfahrungen mit den Asyl suchenden und meine Erfah-
    rungen mit meinen Schülern in der Kinder- und Jugendpsychiatrie
    zeigen mir, dass dieses Konzept wirklich für Menschen aller Altersstufen

© Springer Fachmedien Wiesbaden GmbH 2018                                            1
M. Kuhlmann, *Lesen lernen mit Erwachsenen nach dem IntraActPlus-
Konzept*, essentials, DOI 10.1007/978-3-658-18546-6_1

geeignet ist und alle davon profitieren können. Das gilt nicht zuletzt für Kinder, Jugendliche und Erwachsene, die schon viele negative Lerner-fahrungen gemacht haben – dazu gehören besonders die deutschen Analphabeten.

## 1.1   Mutmacher für Einsteiger – so habe ich angefangen

Ich möchte Ihnen mit diesen Zeilen Mut machen, sich aktiv an einer gelingenden Integration zu beteiligen.

Dieses Konzept ist außerordentlich effektiv und einfach anzuwenden. Deshalb ist es mir ein Anliegen, von meinem Erfolg zu berichten und Sie daran teilhaben-zulassen.

Im Sommer 2015 hatte ich den Wunsch, mich ehrenamtlich im Bereich „Flüchtlinge" zu engagieren. So kam es, dass ich nach einigen Wochen vor 3 Frauen und 16 Männern stand, die neu in Deutschland bzw. in unserer Stadt angekommen waren und noch keinerlei Deutschkenntnisse besaßen. Sie kamen aus unterschiedlichen Ländern, z. B. Eritrea, dem Libanon, Syrien, dem Iran und Afghanistan. Dementsprechend konnten die meisten sich auch untereinan-der nicht verständigen. Auch Englisch war keine Option. Mit diesen Menschen begann ich, die ersten deutschen Buchstaben und Buchstabenverbindungen zu üben.

Ich bin damals ganz entspannt an das Projekt herangegangen und wusste aus meiner Zeit als Grundschullehrerin, dass ich mich vollständig auf das Material (IntraActPlus-Lesekonzept) verlassen konnte.

Ich hatte zwei Tisch-Flipcharts mit ausgedruckten Buchstaben (sog. Buch-stabenmeister, s. „Abschn. 1.3") vorbereitet und wartete schließlich in meinem Schulraum auf die Teilnehmer.

Etwas unsicher kamen die Kursteilnehmer nach und nach in den Raum. Es dauerte, bis alle den Raum gefunden hatten – sie konnten zu dem Zeitpunkt schließlich weder Deutsch lesen noch sprechen. Nach wie vor finde ich es bewun-dernswert, wie sie diverse Hürden meisterten.

Zur Begrüßung gab ich allen die Hand, suchte den Blickkontakt, lächelte auf-munternd und nannte meinen Namen. Dann fragte ich nach dem Namen meines Gegenübers und wiederholte ihn direkt. Mir persönlich war es wichtig, die Namen möglichst schnell auswendig zu können. Das schaffte Nähe, Vertrauen und Bezie-hung. Ich habe mich für die Vornamen entschieden; einerseits sind sie deutlich leichter zu lernen als die noch schwierigeren Nachnamen und andererseits gab es keinen Grund, sich in so einer besonderen Gruppe zu siezen. Nach meinem Empfinden hätte das nicht gepasst.

Dann stellte ich die Tisch-Flipcharts auf und begann einfach mit dem ersten Buchstaben A.

D. h.: Ich zeigte auf den Buchstaben und benannte den Laut. Das wiederholte ich ein paar Mal. Dann forderte ich alle Teilnehmer mit einer Geste, den Worten „alle zusammen" und dem Zeigen auf das A auf, den Laut ebenfalls zu benennen. Gemeinsam wurde das A mehrmals benannt.

Ich lobte die Anstrengung und Mitarbeit aller Teilnehmer immer sofort. Das wirkte sich sehr positiv auf die Lernfreude und Motivation aus (Informationsverarbeitung unseres Gehirns s. „Abschn. 3.2" und Feedback im Sekundenfenster für günstiges und ungünstiges Lernverhalten s. „Abschn. 3.3").

Die Aussprache der Laute finden Sie unter: https://www.intraactplus.de/buecher/lesen-und-rechtschreiben-lernen/intraactplus-aussprache-buchstaben/. Zur Veranschaulichung des Unterrichts finden Sie Videos unter: www.intraactplus.de/buecher.

Als ich mir sicher war, dass alle verstanden hatten, was ihre Aufgabe war und sie den Buchstaben A sicher benennen konnten, blätterte ich im Buchstabenmeister um zum nächsten Buchstaben M.

Das M wurde ebenfalls von mir mehrfach gezeigt und lautiert. Die Lernschritte waren genauso wie beim A. Schließlich wurden die Buchstaben A und M unregelmäßig abgewechselt.

Dann begann schon das Verbinden der beiden Buchstaben. Bei einem Buchstabenmeister war also das A zu sehen und bei dem anderen das M. Ich zeigte nacheinander mit Nennung der Laute auf die Buchstaben und zog sie dann zur Silbe zusammen; A M AM.

Auch bei dem Lernschritt forderte ich die Lerngruppe auf, entsprechend mit meinem Lesefinger mitzulesen. Nach einigen Wiederholungen folgte die Silbe MA.

Schon zu dem Zeitpunkt war die Stimmung in der Gruppe sehr gut. Alle waren beteiligt und alle hatten schon Erfolgserlebnisse. Sie merkten: Deutsch, das schaff ich! Und ich merkte: Das klappt ja super!

Nach einer ca. zehnminütigen Pause wurden die nächsten Buchstaben L und U ebenso eingeführt und mit den Buchstaben A und M zu den Silben UL, LU, LA, AL, UM, MU verbunden und unregelmäßig abwechselnd gelesen.

In kleineren Gruppen oder in Gruppen mit gleichartigen Vorkenntnissen können schon beim ersten Termin möglicherweise mehr Buchstaben eingeführt werden. Da meine Gruppe aber recht groß und die Teilnehmer sehr verschieden waren, wollte ich kein Risiko eingehen und habe mich deshalb auf vier Buchstaben bzw. Laute und die entsprechenden Silben beschränkt.

Nach einer weiteren Pause zeigte ich den Umgang mit Lesefenster (Schablone, die auf einzelne Buchstaben gelegt wird; sie ist dem Leseordner beigefügt; s. Abb. 3.2 und 3.4) und Lesefinger (Zeigefinger, der auf die einzelnen Buchstaben zeigt; s. Abb. 3.2 und 3.4) am ersten Blatt des Leseordners. Alle Teilnehmer erhielten ihre Ordner und konnten dann das soeben Erlernte selbstständig oder mit einem Partner wiederholen.

Das war nicht so einfach, wie es sich anhört. Die Erwachsenen fanden das Lesefenster unnötig und ließen es immer wieder beiseite. Es war über viele Wochen sehr schwierig, die Wichtigkeit des Lesefensters zu vermitteln. Im Verlauf des Kurses stellte sich aber heraus, dass die Teilnehmer, die konsequent das Fenster benutzt hatten, besser lesen konnten als die, die es nicht konsequent benutzt hatten.

Das Lesen zu zweit an einem Leseordner hat sich als sinnvoll erwiesen. Das haben die Teilnehmer auch selbst festgestellt. Sie konnten sich gegenseitig helfen und fühlten sich sicherer.

Der Umgang mit einem Ordner war für viele Teilnehmer neu. Sie wussten nicht, wie man ihn richtig öffnete und schloss; das hatte ich nicht erwartet. Somit war auch das eine Herausforderung, die immer wieder gemeistert werden musste. Hinzu kam, dass die Teilnehmer mit einem nicht lateinischen sprachlichen Hintergrund in die falsche Richtung blätterten.

Auch das Lesen von links nach rechts wurde anfangs immer wieder vergessen. Es bietet sich an, auf die ersten Blätter Leserichtungspfeile zu zeichnen.

Zu Beginn jeder Unterrichtsstunde wurden die bis dahin geübten Buchstaben bzw. Silben ausreichend wiederholt. Vom individuellen Lernstand bzw. vom Lernstand der Gruppe hing dann ab, wie weitergearbeitet wurde. Mit der gesamten Gruppe habe ich zunächst neue Buchstaben eingeführt und diese zu Silben verbunden. Selbstständige gute Lerner konnten nach einer kurzen Phase schon allein oder mit einem Partner weiterarbeiten. Andere Personen, die mehr Wiederholungen brauchten, blieben noch eine Weile als Gruppe zusammen, um unter meiner Anleitung weiter zu üben.

In den ersten Unterrichtsstunden wurden auch die zum Lehrwerk gehörenden Schreibübungsblätter genutzt. Wichtig war dabei der Hinweis auf die richtige Schreibrichtung und auf die Ober- und Unterlängen der einzelnen Buchstaben. Im weiteren Verlauf wurden die Schreibübungen nach und nach als Hausaufgabe erledigt. Zusätzlich zu den vorhandenen Schreibübungsblättern (die auch kopiert oder kostenlos von der Homepage www.IntraActPlus.de heruntergeladen werden können) hatten alle Kursteilnehmer ein Schreibheft mit der Lineatur 2. Das hatte den Vorteil, dass sie auch noch den Umgang mit Schreibheften und mit einer feineren Lineatur lernten.

Im Blick auf die Zukunft ist eine gut lesbare Schrift für alle Kursteilnehmer von Vorteil. Deshalb sollte im Kurs auch gut darauf geachtet werden.

Weil sich beim Schreiben lernen Fehler nicht vermeiden lassen und diese jedoch möglichst umgehend korrigiert werden sollten, bietet es sich für die Kursteilnehmer an, Bleistift und Radiergummi zu benutzen.

Für den Alphabetisierungskurs hatte ich mir ursprünglich sechs Wochen Zeit genommen. Wir haben uns viermal pro Woche für jeweils 90 min getroffen. Nach drei Wochen hatten wir alle Großbuchstaben mit den entsprechenden Silben und Wörtern durch; nach weiteren drei Wochen hatten sich die ersten Schüler auch die Kleinbuchstaben mit den Silben und Wörtern erarbeitet und konnten erste Sätze z. T. schon recht gut lesen.

Immer wieder musste ich zur Langsamkeit ermahnen und auf eine ausreichende Anzahl von Wiederholungen achten. Viele Teilnehmer waren sehr lerneifrig und wollten immer noch weitere Buchstaben lernen. Aus gehirnphysiologischer Sicht ist das aber nicht unbedingt sinnvoll, da der Arbeitsspeicher im Gehirn begrenzt ist. Jedenfalls kannten die Teilnehmer schnell die Bedeutung des Wortes „langsam!".

Die Fortschritte der Kursteilnehmer wichen z. T. stark voneinander ab. Die möglichen Gründe finden Sie in den nächsten Kapiteln.

Eigentlich wollte ich den Kurs nach sechs Wochen beenden. Nun war es aber so, dass die meisten Teilnehmer zwar funktional lesen konnten, dass die Aussprache der einzelnen deutschen Wörter aber z. T. sehr schwierig war und natürlich noch das Training fehlte.

Außerdem waren mir die Menschen so sehr ans Herz gewachsen, dass ich den Kurs einfach nicht beenden konnte. So kam es, dass wir uns weiterhin zum Lesetraining trafen.

Immer wieder kamen neue Verwandte und Bekannte der Asyl suchenden zum Schnuppern mit zum Kurs. Einige blieben dabei. Mit ihnen habe ich in einer Kleingruppe oder individuell parallel noch einmal neu begonnen, während die „alten Hasen" in Partnerarbeit oder mit ebenfalls ehrenamtlichen Leselernhelfern, die ich bis dahin gewinnen konnte, weiterarbeiteten. Einzelne Leser arbeiteten selbstständig und nutzten ihr Smartphone als Vorlesehilfe. Sie scannten dazu Wörter oder Sätze und ließen sich diese vorlesen oder auch übersetzen. Die automatischen Übersetzungen waren zwar nicht immer gut, aber die Lerner bekamen damit ungefähr den Inhalt eines Satzes vermittelt; diese Technik wird im Laufe der Zeit sicherlich noch verbessert werden.

Inzwischen gibt es auch die App „Lesen und Rechtschreiben lernen nach dem IntraActPlus-Konzept" (ausführliche Information unter: https://www.intraactplus. de/app-lesen-lernen/) käuflich zu erwerben (das erste Kapitel können Sie kostenlos mit Ihrem Smartphone ausprobieren). Damit bietet sich eine weitere Möglichkeit, außerhalb eines Kurses oder parallel dazu das Lesen selbstständig zu trainieren.

Da nicht immer alle Teilnehmer anwesend waren und die Lesefähigkeiten sich sehr unterschiedlich entwickelten, begann ich in den ersten Wochen jede Unterrichtseinheit mit den Buchstabenmeistern und dem gemeinsamen Lesen. Das diente einerseits der wichtigen Wiederholung der Lerninhalte und der Lernmethode und andererseits konnten gemeinsam neue Buchstaben bzw. Laute trainiert werden. Danach arbeiteten die Teilnehmer an ihren Ordnern weiter; entweder allein, mit einem Partner oder mit einem Helfer.

Sobald die ersten Buchstaben sicher gelesen werden konnten, bekamen die Teilnehmer Leseblätter, Vorübungen zum Schreiben und Schreibübungsblätter mit nach Hause. Aber auch im Kurs sollte die richtige Schreibrichtung der einzelnen Buchstaben geübt werden.

Die Treffen fanden nach den ersten sechs Wochen nur noch dreimal und später zweimal pro Woche statt. Das Lesetraining machte so viel Freude, dass alle Helfer, die einmal da waren und es zeitlich irgendwie einrichten konnten, regelmäßig zum Helfen erschienen.

Die Atmosphäre im Kurs war derart positiv, dass es kaum mit Worten zu beschreiben ist. Alle fühlten sich so richtig wohl, wurden angenommen und ernst genommen. Das Wiedersehen war jedes Mal bei Allen mit einem strahlenden Gesicht, einem warmen Händedruck, aber auch mit Umarmungen verbunden. Alle hatten viel Freude beim Lernen bzw. Unterrichten und Helfen. Und auch jedes zufällige Treffen in der Stadt ist nach wie vor mit großer Freude verbunden.

Im Laufe des Kurses tauschten wir auch unsere Smartphonenummern aus und irgendwann erstellte ich eine Whatsappgruppe „Lesekreis". Damit hatte ich dann die Möglichkeit, z. B. im Krankheitsfall den Kurs abzusagen oder ein Foto von einem Möbelstück herumzuschicken, das zu verschenken war. Nie wurde meine Telefonnummer missbraucht.

Liebe Leserin, lieber Leser, ich möchte Ihnen einfach Mut machen, den Einstieg in die Leseförderung zu wagen. Sie können sich ganz auf das Material „Lesen und Rechtschreiben lernen nach dem IntraActPlus-Konzept" verlassen. Und des Weiteren verlassen Sie sich auf Ihre (vielleicht noch unentdeckte) Fähigkeit, sich auf neue Menschen einzulassen. Es ist spannend, erfrischend und horizonterweiternd, neue Menschen kennenzulernen und ihnen das Lesen beizubringen. Der Alphabetisierungskurs, aus dem dieses *essential* entstanden ist, gehört mit zu den schönsten Zeiten meines Lebens.

Sie können selbst schon mit dem Kurs beginnen, sobald sie zwei Tisch-Flipcharts mit Großbuchstaben (s. „Abschn. 1.2") vorbereitet haben. Danach können Sie dann das *essential* und die Anleitung zum Lesekonzept lesen.

## 1.2   Einkaufsliste (ausführliche Erläuterungen unter 1.3)

**Einkaufsliste pro Teilnehmer**

- Lehrwerk **„Lesen und Rechtschreiben lernen nach dem IntraActPlus-Konzept"** (Loseblattsammlung)
- **DIN A4 Ordner, Rückenbreite 8 cm**, zum Abheften des Lehrwerks
- Bleistifte, Radiergummi und Anspitzer, evtl. Kugelschreiber, Schreibheft (Lineatur 1 oder 2 mit farbigem Hintergrund)
- Archivhefter (gelochter Schnellhefter)

**Einkaufsliste für Lehrende**

- **2 Tisch-Flipcharts (inkl. jeweils 10 Sichthüllen; erweiterbar auf 30 Hüllen) im DIN A4 Hochformat;**
- **40 weitere Sichthüllen**
- **DIN A4 Papier** zum Ausdrucken der Buchstaben für den sogenannten Buchstabenmeister (s. „Abschn. 1.3")
- **Klebezettel (z. B. Postits)** zur Kennzeichnung einiger Buchstaben
- **Büromaterial** (Locher, Hefter, Schutzhüllen, Schreibpapier etc.) vorrätig halten
- **Trennstreifen** – dort einheften, wo die Leseblätter für die Hausaufgabe entnommen wurden
- **Große Etiketten** als Namenschilder
- **Lochverstärkungsringe**

## 1.3   Erklärungen zur Einkaufsliste

**Lehrwerk „Lesen und Rechtschreiben lernen nach dem IntraActPlus-Konzept (Loseblattsammlung), DIN A4 Ordner, Archivhefter (gelochter Schnellhefter), Buchstabenmeister, Tisch-Flipchart, Klebezettel (Postits).**

Jeder Teilnehmer benötigt das vollständige Lehrwerk „Lesen und Rechtschreiben lernen nach dem IntraActPlus-Konzept" (erhältlich in jeder Buchhandlung oder im Onlinehandel). Dieses wird vollständig in einem **DIN A4-Ordner mit einer Rückenbreite von 8 cm** (erhältlich im Schreibwarenladen oder Onlinehandel) abgeheftet.

Es ist sinnvoll, möglichst viele verschiedenfarbige Ordner zu wählen und diese noch individuell z. B. mit bunten Aufklebern zu kennzeichnen. So ist gewährleistet, dass die Teilnehmer, die auch ihren Namen noch nicht lesen können, zu Beginn jeder Stunde ihren eigenen Ordner sehr schnell selbstständig im Regal oder Schrank finden.

Zusätzlich sollte jeder Teilnehmer einen ebenso gekennzeichneten **Archivhefter** bekommen.

Archivhefter sind besonders praktisch, weil sie bei Nichtgebrauch im Ordner abgeheftet werden können und dann nicht verloren gehen. Darin werden jeweils die einzelnen Blätter, die als Hausaufgabe mitgegeben werden, abgeheftet.

Für die Arbeit mit einer Gruppe drucken Sie sich die **Buchstaben für den sogenannten Buchstabenmeister** (Abbildung s. S. 45 in „Lesen und Rechtschreiben lernen nach dem IntraActPlus-Konzept"; kostenloser Download unter: https://www.intraactplus.de/buecher/) jeweils **zweimal** aus; für das Zusammenziehen von Buchstaben brauchen sie alle Buchstaben doppelt.

Sie finden die Buchstaben zum kostenlosen Download unter: https://www.intraactplus.de/ buecher/lesen-und-rechtschreiben-lernen/ergaenzendes-material-zu-lesen-und-rechtschreiben-nach-dem-intraactplus-konzept/.

Insgesamt sind es 29 Großbuchstaben und 30 Kleinbuchstaben (inkl. ß), die im DIN A4-Hochformat ausgedruckt werden. 20 weitere Doppel- bzw. Dreifachbuchstaben (Ei, ei, Sch, sch usw.) werden automatisch querformatig ausgedruckt.

Die Buchstaben werden in der Reihenfolge ausgedruckt, wie sie auch im Lesekonzept eingeführt werden.

Alternativ können Sie die Buchstaben auch von Hand mit einem dicken Filzstift aufschreiben. Achten Sie dabei darauf, dass Sie sich im Hinblick auf Form und Lesbarkeit möglichst genau an die Druckbuchstaben im Konzept halten.

Für die Arbeit in einer Gruppe benötigen Sie **für die ausgedruckten Buchstaben zwei Tisch-Flipcharts im DIN A4-Hochformat.** Außerdem benötigen Sie **insgesamt 60 Sichthüllen.**

Die Tisch-Flipcharts mit passenden Sichthüllen erhalten Sie im Fachhandel für Bürobedarf oder im Internet.

Ein mögliches Produkt gibt es von der Marke „Durable" unter dem Namen „Tisch-Flipchart Durastar A4 hoch"; Herstellernummer 8564–39. In der Lieferung sind 10 Sichthüllen enthalten. Das Tisch-Flipchart ist erweiterbar auf max. 30 Sichthüllen und kostet inklusive 10 Sichthüllen ca. 30 EUR. Günstigere Tisch-Flipcharts sind häufig nur erweiterbar auf 20 Sichthüllen.

10 weitere Sichthüllen (vom Hersteller Durable mit der Herstellernummer 8565–19) kosten ca. 7 EUR. Achten Sie bei der Bestellung auf Hochformat und auf die max. Menge der Sichthüllen! Zunächst nutzen Sie die Sichthüllen für die Großbuchstaben. Beim Wechsel zu den Kleinbuchstaben tauschen Sie die Blätter entsprechend aus. Die **Klebezettel (Postits)** benötigen Sie, um beim Verbinden der Laute zu Silben die passenden Buchstaben schneller zu finden. Sie markieren die Sichthüllen mit den Klebezetteln.

**Trennstreifen, Lochverstärkungsringe und Etiketten**
Die Loseblattsammlung enthält neben den Leselernblättern auch das komplette Material für die notwendigen Schreibübungen. Dennoch ist es sinnvoll, das oben genannte Büromaterial vorrätig zu halten. So sind Sie für jeden Fall gut vorbereitet.

Für das Lesen mit dem Lesefenster (im Lehrwerk enthalten) wird jeweils ein Blatt aus dem Ordner ausgeheftet. An der Stelle kann dann ein **Trennstreifen** als Platzhalter abgeheftet werden. Das ist sehr sinnvoll, denn die Kursteilnehmer kennen auch die Zahlen nicht und finden die Stelle, an die das Leseblatt gehört, nicht ohne Hilfe wieder. Das gilt auch für die Leseblätter, die als Hausaufgabe mitgegeben werden.

Beim Gebrauch des Leseordners kann es vorkommen, dass einige Löcher der Leseseiten einreißen. Für den Fall ist es gut, **Lochverstärkungsringe** vorrätig zu halten.

**Etiketten für Namensschilder** sollten so groß sein, dass alle Helfer – und später natürlich alle Teilnehmer – auch mit einem gewissen Abstand die Namen gut lesen können.

# Heterogene Lerngruppe

**2**

In diesem Abschnitt stelle ich die Menschen vor, die von der Arbeit mit dem Lesekonzept profitieren können. Es handelt sich dabei um Migranten, die nie Lesen und Schreiben gelernt haben, um Deutsche mit und ohne Migrationshintergrund, die es wegen mangelnder Übung verlernt haben und um Menschen, die es einfach nicht beherrschen – warum auch immer.

Sie können alle gemeinsam in einer Gruppe unterrichtet werden. Dazu gehören Phasen des direktiven Unterrichts, aber auch Phasen von Einzel- und Partnerarbeit. Die Teilnehmer können voneinander profitieren und sich gegenseitig helfen. Es handelt sich also um ein Inklusionskonzept.

## 2.1 Analphabeten und Zweitschriftlerner

**Primärer Analphabetismus** ist gegeben, wenn Menschen nie Schreiben und Lesen gelernt haben (das betrifft einige Migranten und Migrantinnen). Für die praktische Arbeit im Alphabetisierungskurs bedeutet das, dass sie auch den Umgang mit Papier, Stift, Heft und Ordner kaum oder nicht beherrschen. Aus meiner Erfahrung muss das aber kein Problem sein. Diese Menschen hatten bisher einfach nicht die Möglichkeit, eine Schrift zu erlernen, sind im Allgemeinen feinmotorisch sehr geschickt und hoch motiviert, endlich Lesen und Schreiben zu lernen. (Können Sie sich die leuchtenden Augen einer etwa 50-jährigen Migrantin vorstellen, die soeben ihre ersten Wörter auf Deutsch liest? Dieses Gefühl ist kaum zu übertreffen!).

Als **sekundäre Analphabeten** werden Menschen bezeichnet, die einmal Lesen und Schreiben gelernt, es aber aufgrund mangelnder Übung wieder vergessen haben.

© Springer Fachmedien Wiesbaden GmbH 2018
M. Kuhlmann, *Lesen lernen mit Erwachsenen nach dem IntraActPlus-Konzept*, essentials, DOI 10.1007/978-3-658-18546-6_2

**Funktionaler Analphabetismus** ist bei Menschen gegeben, die im Bildungssystem einen Lese- und Schreiblehrgang durchlaufen haben, dort nur mangelhafte
Kenntnisse erwerben konnten und diese ganz oder teilweise wieder vergessen
haben. Gesellschaftliche Teilhabe ist damit nur sehr begrenzt möglich. (www.
alphabetisierung.de).
   Die meisten Analphabeten haben schon viele schwierige Jahre hinter sich.
Viele leiden unter sozialer Ausgrenzung und Minderwertigkeitsgefühlen. Sie
leben mit diversen Ängsten und bleiben schulisch und beruflich unter ihren Möglichkeiten.

▶ „Im Falle von Lern- und Leistungsstörungen [gab es] frühere Lernsi-
    tuationen in Familie, Kindergarten oder Schule, die die bestehende
    Störung aufgebaut haben. Der Langzeitspeicher behält lebenslang.
    Aus diesem Grund sind auch noch im Erwachsenenalter die ehemals
    traumatisierenden Situationen gespeichert" (Jansen und Streit 2006,
    S. 203). Die Lern- und Leistungsstörung hat sich tief eingegraben und
    es ist Wissen – gepaart mit wertschätzender Zuwendung – notwendig,
    um diese Menschen auf dem Weg aus ihrer inneren und äußeren Not-
    lage zu begleiten (Jansen und Streit 2006, S. 201–221).

Vielfach haben diese Menschen Lerninhalte auch ungünstig gelernt oder falsch
abgespeichert. Dann muss möglicherweise bei einem neuen Beginn des Leselernprozesses erst Altes gelöscht werden, bevor neue Inhalte aufgebaut und richtig
abgespeichert werden können. Das kostet Zeit, die aber sehr gut investiert ist.
   Negative Gefühle, die über Jahre mit dem Lernen fest verbunden waren, müssen zunächst abgebaut und positive Gefühle aufgebaut werden. Das geht nur,
wenn in kleinen angemessenen Schritten vorwärtsgegangen wird und es nicht zu
einer Überforderung kommt. Dazu gehört, dass das Lernmaterial leicht verständlich und klar ist und dass die Lehrkraft sich auf die Kursteilnehmer einstellt. Das
bedeutet einerseits, dass sie den Teilnehmern mit Wertschätzung begegnet, andererseits aber auch, dass sie ungünstiges Lern- und Arbeitsverhalten der Teilnehmer nicht zulässt.
   Zum ungünstigen Verhalten gehört u. a.: Wiederholungen vermeiden, zu
schnelles Vorgehen, undeutliches oder leises Sprechen, eine nachlässige Arbeitshaltung und raten.
   Wie in einer durchschnittlichen Schulklasse im Regelschulsystem, muss man
auch bei einem Alphabetisierungskurs davon ausgehen, dass die Lerngruppe im
Hinblick auf die (schrift)sprachlichen Kompetenzen sehr heterogen ist.

Und wie im Regelschulsystem erwartet, ist es natürlich auch in anderen Lerngruppen sinnvoll, sich nach Möglichkeit – wenigstens zunächst – am schwächsten Glied zu orientieren und den Unterricht darauf auszurichten, indem man sehr kleinschrittig vorgeht. Im zweiten Schritt wird der Unterricht dann so differenziert, dass jeder in seiner eigenen Geschwindigkeit lernen kann.

**Zweitschriftlerner**
Menschen, die in einer nicht-lateinischen Schrift Lesen und Schreiben gelernt haben, werden als Zweitschriftlerner bezeichnet; das betrifft die meisten Migranten. Sie haben mehr oder weniger Erfahrungen in einem Bildungssystem gemacht und kennen den Umgang mit Papier und Stift. Bei vielen Migranten ist der Schulbesuch schon einige Jahre her und war häufig nur von kurzer Dauer. Außerdem werden einige nicht-lateinische Schriften von rechts nach links geschrieben und auch Hefte und Bücher beginnen „hinten". Das bedeutet für den Alphabetisierungskurs, dass der „lateinische" Umgang mit Stift, Papier und Leseordner gut geübt werden muss.

Wie bei deutschen Erstklässlern in der Grundschule, die Lesen lernen, so ist auch bei deutschen Analphabeten der deutsche Sprachwortschatz auditiv im Gehirn abgespeichert. Dieser muss beim Leselernprozess mit der Aussprache der Lautverbindungen „nur" noch verknüpft werden. Das funktioniert nach einigen Lerndurchgängen recht schnell.

Diesen Vorteil haben nichtdeutsche Lerner nicht. Sie müssen die Aussprache jedes einzelnen Wortes – solange sie es noch nicht im auditiven Sprachwortschatz abgespeichert haben – üben.

▶ Man kann davon ausgehen, dass die meisten Kursteilnehmer ein Smartphone mit (temporärem) Internetzugang haben und sich somit einzelne Wörter oder Sätze aus dem Lesekonzept vorlesen (und auch übersetzen) lassen können. Das hat den Vorteil, dass die Lerner zu Hause die Seiten aus dem Lesekonzept selbstständig wiederholen können.

An dieser Stelle möchte ich noch einmal auf die App zum Lesekonzept (https://www.intraactplus.de/app-lesen-lernen/) verweisen. Sie kann einerseits zu Hause als Vertiefung des Unterrichts genutzt werden. Andererseits kann damit aber auch mit wenig fremder Hilfe das Lesen fast selbstständig erlernt werden.

## 2.2    Herausforderungen

In diesem Abschnitt erfahren Sie etwas über die Herausforderungen eines Alpha-
betisierungskurses. Die Teilnehmer eines Alphabetisierungskurses können sich
sehr stark unterscheiden: nach Geschlecht, Alter, Herkunftssprache, Religion,
Schulbildung, familiärer Situation, psychischer und physischer Gesundheit usw.
So kann man also im Alphabetisierungskurs z. B. nicht von einer gemeinsamen
Sprache ausgehen. Das muss aber kein Problem sein. Wie mit dem gemeinsamen
Unterricht begonnen wird, ist ausführlich im Lehrwerk ab S. 44 beschrieben. Wie
ich begonnen habe, können Sie hier nachlesen (s. „Abschn. 1.1").
    Die Lehrkraft sollte vor allem viel Geduld, Empathie und Verständnis für Mig-
ranten bzw. Analphabeten und die Bereitschaft und Fähigkeit zur Flexibilität mitbringen.

### 2.2.1    Erfahrungen mit ungünstigen Methoden und
           Materialien

Es ist immer noch so, dass in manchen Alphabetisierungskursen mit ungünstigen
Lernmethoden oder -materialien gearbeitet wird. Dazu gehören auch die Anlaut-
methode, die Ganzwortmethode und das Benennen von Buchstaben statt Lauten.
    Zu diesen Methoden gibt es – meines Wissens – keine evidenzbasierten Stu-
dien; deshalb sollte auf sie verzichtet werden.
    Das eigentliche Problem bei ungünstigen Lernmethoden und -materialien ist,
dass das fehlerfreie Lernen richtiger Inhalte damit verzögert und schlimmstenfalls verhindert wird, indem nämlich für das Lesen ungünstige Verknüpfungen im
Gehirn entstehen, die je nach Training kaum oder schwer zu löschen sind. Ausführliche Informationen finden Sie im Lehrwerk „Lesen und Rechtschreiben lernen nach dem IntraActPlus-Konzept" (Jansen, Streit und Fuchs 2012, S. 10–14;
www.IntraActPlus.de/buecher/).
    Dass Fehler sich speichern und manchmal sehr schwer und nur durch sehr
viele richtige Wiederholungen (s. „Abschn. 4.5" Automatisieren) zu löschen sind,
habe ich immer wieder bei Kursteilnehmern beobachtet, die aus einem anderen
Kurs zu mir kamen und z. B. nicht die Laute, sondern die Buchstaben gelernt
hatten. Sie hatten größere Schwierigkeiten beim Lesen lernen, weil sie umler-
nen mussten. Für das Lesen müssen die Laute zusammengezogen werden. Das
Benennen der Buchstaben ist da nicht zielführend.

Auch bei meinen Schülern in der Kinder- und Jugendpsychiatrie stelle ich regelmäßig fest, dass ungünstige Lernmethoden den Leselernprozess behindern. So kommt es vor, dass einige Kinder beim Lesen einzelner Buchstaben Umwege über eine imaginäre Anlauttabelle gehen.

## 2.2.2 Mangelnde phonologische Bewusstheit

„Mit ‚phonologischer Bewusstheit' ist die Fähigkeit gemeint, die Lautstruktur von Wörtern umfassend zu analysieren. Hierzu gehören u. a. folgende Fertigkeiten:

- Laute gut unterscheiden zu können;
- Einzellaute zu Lautverbindungen zusammensetzen zu können, d. h. beispielsweise den Laut ‚M' und den Laut ‚A' zur Lautverbindung ‚MA' zusammensetzen zu können [...]

Phonologische Bewusstheit ist eine ganz entscheidende Fertigkeit für das erfolgreiche Erlernen von Lesen und Rechtschreiben. [...] durch eine Reihe von Studien gesichert ist, dass sich die phonologische Bewusstheit üben lässt und sich hierdurch auch die Lese- und sogar die Rechtschreibleistungen verbessern. Am wirkungsvollsten ist ein solches Training, wenn es gleich in Verbindung mit dem Erlernen der Buchstaben durchgeführt wird."

Im Leseordner findet von Anfang an ein „intensives Training der phonologischen Bewusstheit statt – und zwar direkt in Verbindung mit Buchstaben" (Jansen, Streit und Fuchs 2012, S. 24 f.).

Auch Erwachsene können in dem Bereich Schwierigkeiten haben. Auch sie brauchen dann „kleinschrittiges Vorgehen" und eine ausreichende „Anzahl an Wiederholungen". Ich weise noch einmal darauf hin, dass ein zu schnelles Vorwärtsgehen den Leselernprozess verzögern oder verhindern kann. Es ist wirklich wichtig, dass jeder einzelne Kursteilnehmer die Buchstaben-Laut-Zuordnung sicher automatisiert hat.

Es ist naheliegend, dass viele Analphabeten gerade dort ihre Schwierigkeiten haben und deshalb nicht ausreichend Lesen und Schreiben gelernt haben.

## 2.2.3  Konzentrationsschwierigkeiten, Gehörschäden und Sehschwächen

**Konzentrationsschwierigkeiten:** Wie in der Gesamtbevölkerung, so gibt es auch in Alphabetisierungskursen Menschen mit Konzentrationsstörungen. Diese Störungen können viele Ursachen haben; manche sind genetisch bedingt oder im Zusammenhang mit einer Traumatisierung entstanden. Aufgabe der Lehrkraft ist es, im Unterricht besonders gut darauf zu achten, dass diese Menschen mit ihrer Aufmerksamkeit auch da sind, wo sie gerade sein sollen; sonst kann kein genaues Lernen und Abspeichern stattfinden. Außerdem brauchen diese Menschen häufig mehr Wiederholungen und mehr Pausen als andere. Ggf. kann auch auf therapeutische Hilfe verwiesen werden. Für interessierte Leser verweise ich auf „Positiv lernen" (Jansen und Streit 2006, Kap. 36).

**Gehörschäden:** Gerade bei älteren Teilnehmern, aber auch bei Menschen mit Kriegsverletzungen können physische Schäden am Gehör vorliegen. Das sollte bei der Sitzordnung beachtet werden.

Besonders wichtig ist aber, dass gerade bei diesen Menschen auf ein deutliches Vorsprechen und Nachsprechen der Laute geachtet wird. Auch werden sie noch mehr als andere Migranten auf die Mundbewegungen schauen.

**Sehschwächen:** Besonders unter Migranten, die gerade erst nach Deutschland gekommen sind, können unbehandelte Sehschwächen, -störungen oder -behinderungen vorliegen. Da das Lesekonzept mit sehr großen Buchstaben beginnt, können Betroffene zunächst gut mitarbeiten. Denken Sie aber auch an eine Sehschwäche, wenn bei kleiner werdender Schrift Schwierigkeiten auftauchen und verweisen Sie ggf. auf ärztliche Hilfe.

## 2.2.4  Lern- und Leistungsstörung

Wie schon oben beschrieben (s. „Abschn. 2.1") haben z. B. funktionale Analphabeten über viele Jahre negative Erfahrungen in Bezug auf ihre mangelnde Schriftsprachkompetenz hinter sich.

Bei ihnen hat sich schon sehr früh eine Lern- und Leistungsstörung entwickelt und verfestigt. Aber auch Migranten, die den Alphabetisierungskurs besuchen, können natürlich eine Lern- und Leistungsstörung haben – oder eine solche entwickeln, wenn ungünstig gearbeitet wird.

Lern- und Leistungsstörungen lassen sich daran erkennen, dass der Lerner eine ungünstige Eigensteuerung in verschiedenen Bereichen des Lernens hat. (s. Jansen u. Streit 2006, Kap. 14).

Dazu gehört z. B., dass ein Lerner zu schnell arbeitet oder einen Lerninhalt nicht oft genug wiederholt. Dazu gehört auch, dass er sich beim Lernen nicht wohl fühlt, Anstrengung vermeiden möchte oder schlecht mit seinen Fehlern umgeht.

Im nächsten Kapitel (s. „Kap. 3") erfahren Sie, wie Sie als Lehrkraft Ihre Kursteilnehmer so unterstützen können, dass die Lern- und Leistungsstörung abgebaut wird.

## 2.2.5 Menschen mit dem Förderschwerpunkt „Lernen" oder „Geistige Entwicklung"

Der Vollständigkeit halber möchte ich hier erwähnen, dass sich der Leseordner auch für Menschen mit dem Förderschwerpunkt „Lernen" oder „Geistige Entwicklung" anbietet.

Migranten, die sich im Kurs befinden, werden kaum ein Dokument mit einem diagnostizierten Förderschwerpunkt mitbringen. Sehr wohl können aber Menschen mit entsprechenden Schwierigkeiten einem Alphabetisierungskurs zugeteilt werden.

Nicht sinnvoll ist es, Kursteilnehmer, die schon die ersten Buchstaben nicht gut abspeichern können, einfach weiter mitzuziehen. Sie brauchen sofort individuelle Hilfe, langsameres Vorgehen, kleinere Lerneinheiten, mehr Pausen und mehr Wiederholungen. Da stellt sich die Frage, was eine Lehrkraft leisten kann. Das ist sicherlich auch abhängig von der Gruppengröße und anderen Faktoren.

## 2.2.6 Zusätzliche Herausforderungen für die Arbeit mit Migranten

### Ausspracheschwierigkeiten ÄÖÜ – Umlaute

Einige Migranten haben – bedingt durch ihre Herkunftssprache – Schwierigkeiten mit der Lautbildung der Umlaute Ä, Ö und Ü.

Dazu gibt es im Internet verschiedene Tutorials, auf die an dieser Stelle verwiesen wird. Da das Angebot ständig erweitert wird, lohnt es sich, nach einer guten Anleitung zu suchen.

Für einige Migranten ist die Formung der ungewohnten Laute so kompliziert, dass das Training einen sehr hohen Zeitaufwand bedeuten würde. Ob dafür im Alphabetisierungskurs die Zeit ist, mag die jeweilige Lehrkraft entscheiden.

**Kultureller Hintergrund**
Wenn eine Lehrkraft einen Kurs anbietet, dann sollte sie normalerweise davon ausgehen können, dass alle angemeldeten Teilnehmer auch pünktlich kommen und regelmäßig teilnehmen.

Davon kann bei Migranten, die noch nicht lange in Deutschland leben, im Allgemeinen nicht ausgegangen werden. Zum einen kommen sie aus einem völlig anderen kulturellen Hintergrund und zum anderen haben sie Behördengänge zu erledigen, sind krank, erschöpft oder müssen sich um ihre Kinder, Gäste und den Haushalt kümmern. Einige haben möglicherweise auch eine relativ weite Anreise mit öffentlichen Verkehrsmitteln.

Als Lehrkraft sollte man damit gelassen umgehen und unpünktliches Erscheinen oder Fehlen nicht persönlich nehmen. Es sind zwei verschiedene Welten mit unterschiedlichen Werten und Normen, die aufeinanderstoßen.

Der Unterricht kann flexibel danach ausgerichtet werden (s. „Kap. 6").

# Grundlagen für erfolgreiches Arbeiten    3

Die folgenden Abschnitte enthalten wichtigste Informationen für den Aufbau von Freude am Lernen, für den Aufbau einer guten Eigensteuerung und für den Abbau von ungünstigem Lernverhalten. Und nicht zuletzt dienen sie dem effektiven Aufbau von Wissen und Lernbeständen.

## 3.1 Lernen findet über Beziehung statt

Kinder lernen für die Beziehung; das ist besonders in den ersten Lernjahren klar zu erkennen und kaum jemand würde daran zweifeln; Kinder strengen sich für die Lehrerin oder den Lehrer häufig besonders an – unabhängig vom Lerninhalt.

Aber auch Erwachsene wollen gemocht werden, brauchen Zuwendung, freundliche Worte und Bestätigung. Auch viele von ihnen strengen sich mehr an, wenn sie dafür von der Lehrerin oder dem Lehrer positive Rückmeldungen erhalten.

Das gilt noch einmal besonders für Erwachsene, die – aus welchen Gründen auch immer – nun Lesen lernen möchten.

Sie haben z. T. viele Jahre negative Schulerfahrungen hinter sich, mussten sich irgendwie mit ungenügenden Lese- und Rechtschreibkenntnissen durchschlagen, sind unter ihren Möglichkeiten geblieben und wagen nun einen Neustart.

Andere haben vielleicht Fluchterfahrungen hinter sich und wollen in Deutschland neu anfangen. Dazu gehört neben all den anderen Herausforderungen auch Lesen und Rechtschreiben lernen.

© Springer Fachmedien Wiesbaden GmbH 2018
M. Kuhlmann, *Lesen lernen mit Erwachsenen nach dem IntraActPlus-Konzept*, essentials, DOI 10.1007/978-3-658-18546-6_3

▶   Alle Kursteilnehmer sind dankbar, wenn sie von Ihnen wertgeschätzt
    werden und ihre Anstrengungs- und Leistungsbereitschaft anerkannt
    wird.
    Dafür ist entscheidend, dass untereinander eine angstfreie Atmo-
    sphäre herrscht, in der auch Fehler gemacht werden dürfen und keiner
    ausgelacht oder durch abwertende Blicke verletzt wird. Zu einer posi-
    tiven Lernatmosphäre gehört aber auch, dass Vorsagen nicht zugelas-
    sen wird und jeder die Zeit bekommt, die er braucht.

## 3.2   Informationsverarbeitung unseres Gehirns

„Der größte Teil der menschlichen Informationsverarbeitung läuft ohne Mitwir-
ken des Bewusstseins ab. Wenn wir Signale aus unserer Umwelt wahrnehmen, so
ist ein großer Teil dieser Wahrnehmungsprozesse unbewusst. Unser Gehirn verarbeitet die entsprechenden Signale und speichert sie gegebenenfalls. Durch die
verarbeiteten Signale entstehen offen beobachtbares Verhalten und innere kör-
perliche Reaktionen (z. B. eine Veränderung von Herzfrequenz oder Blutdruck,
die Ausschüttung von Hormonen oder eine Veränderung der Aktivität bestimm-
ter Gehirnzentren). Alles das kann stattfinden, ohne dass uns selbst irgendetwas
von diesen Verarbeitungsschritten bewusst wird. […] Entsprechendes gilt für die
Verarbeitung von **Beziehungssignalen**, wie sie in jeder Kommunikationssitua-
tion gesendet werden. […] **Die unbewusste Informationsverarbeitung ist das
umfassendere und leistungsfähigere Verarbeitungssystem.** Dies liegt daran,
dass unbewusst Signale **schneller** und **gleichzeitig** (parallel) verarbeitet werden.
Diese Überlegenheit der unbewussten Informationsverarbeitung bewirkt, dass der
Mensch zwischen 90 und nahezu 100 % aller Signale aus der Umwelt unbewusst
verarbeitet. Dies gilt auch für belohnende und bestrafende Beziehungssignale.
[…] Entsprechendes gilt für das Senden von Beziehungssignalen. 90–100 % der
Signale, die ein Mensch sendet, während er mit anderen Menschen kommuni-
ziert, sind ihm selbst nicht bewusst. […] Besonderheit: Unbewusst können wir
Zusammenhänge zwischen Ereignissen nur dann verarbeiten, wenn diese **unmit-
telbar aufeinander folgen.** Den Abstand, den wir unbewusst gut verarbeiten können, nennen wir „Sekundenfenster". Das Sekundenfenster umfasst den Zeitraum
von 0 bis zu 1 Sekunde. 0 bedeutet dabei Gleichzeitigkeit; Gleichzeitigkeit kann
besonders gut verarbeitet werden. Wenn im Sekundenfenster Signale unbewusst
wahrgenommen werden, so behindert dies nie die bewusste Wahrnehmung. Beides kann gleichzeitig geschehen. Umgekehrt aber gilt: Alle Informationen, die

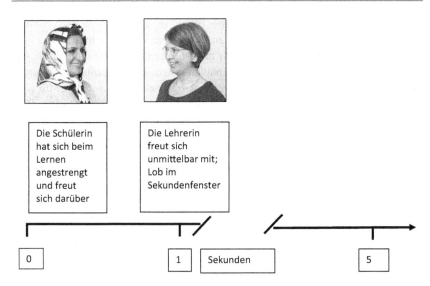

**Abb. 3.1** Sekundenfenster. Die Freude im Gesicht der Lehrerin erfolgt gleichzeitig bzw. weniger als 1 Sekunde nach dem Verhalten der Schülerin. Dieser Zusammenhang kann vom Gehirn mit der unbewussten Verarbeitung erfasst werden (vgl. Jansen und Streit 2006, S. 35). (Fotos: Kathrin Heumann)

außerhalb des Sekundenfensters eintreffen, können nicht unbewusst, sondern **nur** bewusst wahrgenommen werden" (Jansen und Streit 2006, S. 34 f.).

Kurz gesagt: Das Signal, das innerhalb einer Sekunde auf ein Verhalten folgt, wirkt sich extrem stark auf zukünftiges Verhalten aus (s. Abb. 3.1).

## 3.3   Feedback im Sekundenfenster für günstiges und ungünstiges Lernverhalten

▶ Definition: Die Methode des „Feedback im Sekundenfenster" bedeutet immer ein Vorgehen, bei dem der Lernende unmittelbare Rückmeldungen […] für günstiges und ungünstiges Lernverhalten erhält.

Wenn entsprechende Rückmeldungen im Sekundenfenster auf ungünstiges Verhalten folgen, wird einerseits erreicht, dass dem Lernenden eigenes unbewusstes oder nur wenig bewusstes Verhalten bewusst gemacht wird. Andererseits wird durch den kurzen zeitlichen Abstand gewährleistet, dass Verhaltensfolgen nicht nur über die bewusste, sondern auch über die unbewusste Informationsverarbeitung mit dem vorausgehenden Verhalten in Verbindung gebracht werden. […] werden Verhaltensfolgen nur dann auch mithilfe der unbewussten Informationsverarbeitung erfasst, wenn sie im Sekundenfenster, also **maximal 1 Sekunde nach dem Verhalten**, erfolgen. Das „Feedback im Sekundenfenster" ist für […] Erwachsene geeignet, die Schwierigkeiten haben, ein bestimmtes günstiges Verhalten abzurufen bzw. ein bestimmtes ungünstiges Verhalten zu unterlassen" (Jansen und Streit 2006, S. 190).

**Feedback im Sekundenfenster für günstiges Lernverhalten**
Da ein gutes Lernverhalten und eine hohe Anstrengungsbereitschaft für erfolgreiches Lernen unabdingbar sind, ist es sinnvoll, dieses Verhalten im Sekundenfenster zu loben (s. Abb. 3.2 und 3.3).

Weitere Fertigkeiten, die außerdem noch zu einem guten Lern- und Arbeitsverhalten gehören, finden sich in Kap. 14 des Buches „Positiv lernen". Außerdem gibt es eine Liste der Eigenschaften als kostenlosen Download unter www.IntraActPlus.de.

▶    „Die Stärke und die Häufigkeit des Lobes darf nicht nach den Gewohnheiten der Bezugsperson ausgerichtet werden. Ziel des Lobens muss vielmehr immer sein, dass sich [der Lernende] wirklich freut. Allein hieran müssen sich Stärke und Häufigkeit des Lobens ausrichten. Die

**Abb. 3.2** Lob für günstiges Arbeitsverhalten sowohl durch positive Mimik und Gestik als auch durch Worte. An diesem Bild sieht man sehr gut den Lesefinger und das Lesefenster. (Foto: Kathrin Heumann)

Reaktionen des [Lernenden] bestimmen die Stärke des Lobs und nicht das, was üblich ist" (Jansen und Streit 2006, S. 186).

Im Unterricht kann das so aussehen, dass immer wieder für Anstrengung, gutes Arbeitsverhalten und Mitarbeit gelobt wird. Dies kann durch positive Mimik, Gestik, Blickkontakt und auch durch verbales Lob ausgedrückt werden (s. Abb. 3.2).

Dadurch entsteht eine positive und entspannte Lernatmosphäre und es kann bei den Teilnehmern Freude am Lernen geweckt und erhalten werden.

Positives Feedback (Loben) geschieht also zunächst durch die Lehrkraft über Beziehung und positive Zuwendung.

Vielleicht können Sie sich den Einsatz dieser Methode noch nicht vorstellen und Sie finden sie unpassend für die Arbeit mit Erwachsenen.

Ich möchte Ihnen an dieser Stelle ganz viel Mut machen. Es lohnt sich wirklich. Probieren Sie das Loben aus! Sie werden gemeinsam mit Ihren Teilnehmern sehr viel Spaß haben – und zwar auch dann, wenn das Lob – gefühlt – etwas zu stark ist. Es ist leider so, dass in Deutschland eher wenig gelobt wird und wir uns erst daran gewöhnen müssen – zu loben und gelobt zu werden.

Wenn Sie sich aber schließlich darauf einlassen konnten und das Loben ein paar Tage geübt haben, dann fällt es Ihnen vielleicht auch leichter, sich auf das „'Feedback im Sekundenfenster' für ungünstiges Lernverhalten" einzulassen.

**Abb. 3.3** Lob im Sekundenfenster durch Gestik (Daumen hoch) und mündliches Lob. Auch hier sieht man gut den Lesefinger und das Lesefenster. (Foto: Kathrin Heumann)

**Feedback im Sekundenfenster für ungünstiges Lernverhalten**

Beispiele für ungünstiges Verhalten in einem Kurs mit Erwachsenen sind z. B. das Vorsagen von Ergebnissen oder das Abwerten bei Fehlern durch andere Teilnehmer; aber auch Selbstabwertung, zu schnelles Arbeiten, Ungeduld und eine für das Lernen ungünstige Arbeitshaltung gehören dazu. Ungünstiges Lernverhalten blockiert den Lernzuwachs. Deshalb sollte es abgebaut werden.

Praktisch kann das beispielsweise so aussehen: Jeder Teilnehmer und jede Teilnehmerin erhält 10 Glassteinchen und bei einem Verhalten wie Vorsagen, Auslachen oder einer ungünstigen Arbeitshaltung wird im Sekundenfenster ein Steinchen weggezogen (vgl. Jansen und Streit 2006, S. 192; vgl. auch Abb. 3.4).

Sobald die Person sich aufrichtet um mitzuarbeiten, wäre es optimal, sie freudestrahlend anzusehen und zu loben (s. Abb. 3.3).

Nach einigen Lerndurchgängen (wenn einige Steinchen im Sekundenfenster weggezogen wurden) haben alle Teilnehmer verstanden, wie das „Feedback im Sekundenfenster" für ungünstiges Lernverhalten funktioniert. Sie wissen spätestens dann (wenn man es wegen sprachlicher Barrieren nicht erklären konnte), worum es geht und arbeiten an ihrem Verhalten.

Personen, mit denen man sich sprachlich verständigen kann, erklärt man es vorher.

Wichtig ist, dass auf günstiges Verhalten sekundengenaue Belohnungen über die Lehrkraft folgen und dass für ungünstiges Verhalten sekundengenau ein Steinchen weggezogen wird.

**Abb. 3.4** Ungünstiges Arbeitsverhalten. Feedback im Sekundenfenster durch die Ziehleiste. (Foto: Kathrin Heumann)

Die Kunst ist, den Wechsel zwischen Lob und Ziehen gut hinzubekommen. Das geht im Laufe der Zeit immer besser – und nur dann, wenn die Lehrkraft sich innerlich nicht über ungünstiges Verhalten der Teilnehmer ärgert, sondern ganz entspannt ein Steinchen wegzieht. So ist sie frei zum Loben und zum Ziehen.

Lassen Sie sich auf diese Methode ein! Wenn Sie wirklich eine tief greifende Veränderung des ungünstigen Lernverhaltens erreichen wollen, dann ist der hier beschriebene Weg dafür sehr gut geeignet. Bleiben Sie entspannt und probieren Sie ihn aus! Gemeinsam mit den Teilnehmern können Sie auf eine humorvolle Weise ungünstiges Lernverhalten abbauen und mit viel Spaß ein günstiges Lernverhalten aufbauen.

Ein enttäuschtes oder strenges Gesicht, eine weniger warme Stimme, eine leichte Veränderung der Körperhaltung oder ein Hochziehen der Augenbrauen können auch Strafen sein. Dabei handelt es sich um soziale Bestrafungen, die in Lernsituationen vermieden werden sollten (vgl. Jansen und Streit 2006, S. 176).

Bei Erwachsenen ist das sogenannte „Ziehen" ein fester Bestandteil des Selbstmanagement-Trainings des IntraActPlus-Konzeptes" (Jansen und Streit 2006, Kapitel 21). Es wird darin beschrieben, wie sich Selbstmanagement-Training und Mediatorenansatz verbinden lassen und wie man eine Lern- und Leistungsstörung bei Erwachsenen verändern kann.

## 3.4 Angemessene Ansprache und Vorbildfunktion

In der Arbeit mit schulisch weniger gebildeten Erwachsenen – wie auch bei Erwachsenen mit einer sichtbaren Behinderung – kommt es manchmal vor, dass einzelne Pädagogen eine kindliche Ansprache wählen. Ihre Stimme, ihre Wortwahl und ihre innere Haltung lässt das deutlich werden. Damit fühlen sich die erwachsenen Lerner nicht ernst genommen und reagieren entsprechend – z. B. mit innerem Rückzug und damit verbunden – mit einer ungünstigen Arbeitshaltung. (Jansen und Streit 2006, S. 34 f.).

Wenn die Lehrkraft möchte, dass die Teilnehmer ein günstiges Lern- und Arbeitsverhalten behalten bzw. aufbauen, dann sollte sie es ihnen auch vorleben.

Dazu gehört neben einer angemessenen Ansprache auch, dass sie

- immer alle Buchstaben in einer gut lesbaren Druckschrift schreibt – auch an der Tafel
- ungünstiges Verhalten nicht durchgehen lässt
- allen Teilnehmern die Zeit schenkt, die sie zum Lernen brauchen
- gutes Arbeitsverhalten mit Gestik, Mimik und Worten lobt
- … (vgl. Jansen und Streit 2006, S. 115)

# Wissenschaftliche Begründung des Lernmaterials

Diesen Teil bekommen Sie als kostenlosen Download auf der Homepage der Autoren des IntraActPlus-Konzepts (https://www.intraactplus.de/buecher/ Sie finden den Link zum Download beim Lesekonzept). Dort werden Studienergebnisse der psychologischen Grundlagenforschung für gehirngerechtes Lernen vorgestellt. Alles ist auch für Laien gut verständlich geschrieben und es lohnt sich, diese Texte zu lesen. Anschließend ist klar, warum bestimmte Übungen für das Lesen lernen ungünstig sind.

In den folgenden Abschnitten stehen deshalb nur einige Ergänzungen zur Arbeit mit Erwachsenen.

## 4.1 Aufbau des Wahrnehmungsfensters von links nach rechts (Jansen, Streit und Fuchs 2012, S. 10–12)

Auch bei erwachsenen Leseanfängern muss die Wahrnehmung für deutsche Texte in lateinischen Buchstaben mit der Leserichtung von links nach rechts geübt werden.

Das gilt für Analphabeten, die bisher wenig oder keine Texterfahrung haben, es gilt aber ganz besonders auch für Erwachsene, die bisher eine nicht-lateinischen Schrift gelesen haben. Bei letztgenannten ist das Wahrnehmungsfenster für das Lesen von rechts nach links mehr oder weniger (je nach Lesetraining) automatisiert.

Beim Aufbau des Wahrnehmungsfensters von links nach rechts ist es besonders wichtig, dass die Leseübungen konzentriert und langsam geschehen. Die Kursteilnehmer sollen schließlich nicht nur die Laute richtig benennen, sondern

© Springer Fachmedien Wiesbaden GmbH 2018
M. Kuhlmann, *Lesen lernen mit Erwachsenen nach dem IntraActPlus-Konzept*, essentials, DOI 10.1007/978-3-658-18546-6_4

sie sollen auch unbedingt darauf achten, dass die Leserichtung eingehalten wird. Es sollten möglichst keine Fehler entstehen.

Wie später beschrieben (s. „Abschn. 4.5"), passieren bei automatisiertem Verhalten kaum Fehler. Das bedeutet für die nicht-lateinische Leserichtung von rechts nach links, dass die Kursteilnehmer – sobald sie sich nicht gut konzentrieren – in ihr altes Leseverhalten rutschen und von rechts nach links lesen.

▶  Also: Besser weniger und gleichzeitig hoch konzentriert arbeiten als Fehler machen.

Fähigkeiten wie ein nach rechts erweitertes Wahrnehmungsfenster und präzise Augenbewegungen sind für das Lesen genetisch nicht gegeben. Sie müssen durch Üben aufgebaut werden. Hierbei wird das richtige Üben zum Dreh- und Angelpunkt. Wird nicht immer von links nach rechts gelesen, verlangsamt sich im besten Fall der Aufbau dieser Fähigkeiten. Im schlimmsten Fall gelingt der Aufbau dieser Fähigkeiten überhaupt nicht (Jansen, Streit und Fuchs, S. 12, 2012).

## 4.2  Schreiben wie man hört

Nach Jansen und Streit ist die Methode „Schreiben wie man hört" zum Lernen der richtigen Schreibweise ungeeignet (Jansen, Streit und Fuchs 2012, S. 13 f.).

Diese Aussage entspricht voll und ganz meiner langjährigen Erfahrung als Grund- und Förderschullehrerin.

Sie triff ebenso für den Schreiblernprozess bei Erwachsenen zu, denn die deutsche Rechtschreibung ist nicht lautgetreu.

Sobald die Kursteilnehmer anfangen, selbst einzelne Wörter oder Satzteile aufzuschreiben (und das ist bei hoher Motivation schnell der Fall), sollte die Lehrkraft die Texte korrigieren; möglichst so, dass die Fehler nicht mehr sichtbar sind.

Keinesfalls sollte noch einmal besonders auf den Fehler hingewiesen werden, um den Blick darauf zu lenken, denn auch Fehler werden gespeichert.

Eine zügige Korrektur ist sinnvoll und die Teilnehmer werden es danken, denn von falsch geschriebenen Wörtern und falscher Höflichkeit hat schließlich niemand etwas.

Wenn die Methode des Wörtertrainings (s. „Abschn. 4.8") schon eingeführt wurde, dann kann das falsch geschriebene Wort sofort richtig auf ein Kärtchen geschrieben und entsprechend trainiert werden.

## 4.3    Welchen Gesetzmäßigkeiten muss ein Lese- und Rechtschreibmaterial gerecht werden, damit es auch für Erwachsene geeignet ist?

Das Gehirn von Kindern und Erwachsenen unterscheidet sich diesbezüglich nicht. Auch Erwachsene brauchen für Lernerfolge eine gute Eigensteuerung und Erfolgserlebnisse. Damit alle Lerner, die mit dem Leseordner arbeiten, Erfolge haben, ist er so aufgebaut, dass jeder – nach einer Einführungsphase – individuell mit dem Ordner arbeiten kann. Somit hat jeder zu jederzeit seinen persönlichen optimalen Schwierigkeitsgrad.

„Die schwierigste Stelle im gesamten Material ist da, wo [der Lerner] erstmals das Zusammenlesen von zwei Buchstaben übt, z. B. ‚MA' und ‚AM'. Danach sind alle Seiten einfacher" (Jansen, Streit und Fuchs 2012, S. 14 f.). Und diese Stelle ist durchaus auch für die Erwachsenen schwierig, die im Kurs sitzen (s. Abb. 3.3 und 3.4).

(Funktionale) Analphabeten können u. a. nicht lesen, weil sie die Buchstaben- bzw. Lautverbindungen nicht automatisiert haben.

Die ersten beiden Laute zu verbinden kann unter Umständen lange dauern. Wichtig ist, dass jeder die Zeit bekommt, die er für die Automatisierung braucht. Das Gehirn wird umgebaut. Nach einigen Lauten geht es schon schneller.

Wichtig ist, dass die Teilnehmer von Anfang an fühlen, dass sie sich die Zeit nehmen dürfen, die sie brauchen. Das ist ein wichtiger Schritt im gesamten Lernprozess.

## 4.4    Lesen findet zunächst ohne Bedeutung statt

„Der leichteste Zugang zum Lesen ist, ein geschriebenes ‚A' als ‚A' oder ein geschriebenes ‚M' als ‚M' auszusprechen (s. Abb. 3.2).

Ein zweiter Lernschritt ist dann, die beiden ausgesprochenen Laute zu einer Lautverbindung ‚MA' zusammenzusetzen" (s. Abb. 3.4) (Jansen, Streit und Fuchs 2012, S. 16–20).

Dabei kommt es nicht darauf an, dass die Silbe eine Bedeutung hat.

▶      Lesen findet zunächst ohne Bedeutung statt. Wichtig ist, dass das Lesen schließlich automatisiert stattfindet. „Automatisierung bedeutet die Verlagerung der Informationsverarbeitung vom ‚Kurzzeitspeicher' in den ‚Langzeitspeicher'. […] Weil schlechte Leser mehr Aufmerksamkeit

und mehr Anstrengung benötigen, ist das Lesen für sie mühevoller. Die
Folge davon ist, dass sie deutlich weniger lesen. Gute Leser lesen lieber
und deshalb mehr. Weil sie mehr lesen, bauen sie schneller Wissensbe-
stände auf" (Jansen, Streit und Fuchs 2012, S. 17).
All das ist unabhängig von Intelligenz. Somit bleiben Menschen,
die schon in den ersten beiden Schuljahren nicht gut Lesen gelernt
haben, unter ihren Möglichkeiten.

## 4.5  Automatisieren als Schlüssel zum Leseverständnis und zur Rechtschreibung – üben allein reicht nicht

Am Ende des Leselernprozesses soll das automatisierte fehlerfreie Lesen stehen,
das den Leser keine Anstrengung kostet.

Auf dem Weg dorthin erbringt das Gehirn eine enorme Leistung. Zu Beginn
des Lernprozesses werden einzelne Verarbeitungsschritte nacheinander (sequen-
ziell) ausgeführt. „Im Verlauf eines tiefgründigen Lernprozesses erreicht es durch
umfassende Neuorganisationen eine **Parallelverarbeitung**.

Sobald Parallelverarbeitung möglich ist, sprechen wir von **automatischem
oder automatisiertem Verhalten**" (Jansen und Streit 2006, S. 86).

Automatisierung hat viele Vorteile. Dazu gehören: hohe Verarbeitungsge-
schwindigkeit (1000–2000 %), (nahezu) fehlerfreie Ergebnisse, unbewusstes
Arbeiten, keine Anstrengung, Parallelverarbeitung.

1977 veröffentlichen die beiden Wissenschaftler Schneider und Shiffrin in der
Zeitschrift „Psychological Review" zwei Arbeiten, die in der psychologischen
Grundlagenforschung als Jahrhundertarbeiten eingeschätzt werden; u. a. zeigen sie:

▶   „Zwei Bedingungen müssen erfüllt sein, um Automatisierung zu
    erreichen:

    a) Auf einen Reiz wird immer mit dem gleichen Verhalten reagiert.
    b) Eine hohe Anzahl von Wiederholungen" (Jansen und Streit 2006,
       S. 90).
    „Die Berücksichtigung dieser Regeln wird damit zu der entscheiden-
    den Frage beim Erlernen von Lesen und Rechtschreiben" (Jansen,
    Streit und Fuchs, S. 21, 2012).

Die Autoren Schneider und Shiffrin zeigten, „dass Wiederholen allein nicht aus-
reicht. **Es muss die zweite Bedingung gleichzeitig** eingehalten werden: Ein Reiz
wird immer mit dem gleichen Verhalten beantwortet. [...] **Lernmethoden, die
beim Lernenden beständig verschiedene Antworten hervorrufen, verlangsamen oder verhindern den Umbau des Gehirns"** (Jansen, Streit und Fuchs
2012, S. 22).

▶ In diesem Zusammenhang ist wichtig, dass Fehler immer gespeichert
werden und damit eine zweite Antwort darstellen und somit die Automatisierung verlangsamen oder vielleicht sogar blockieren.

Viele übliche Lernmethoden und -materialien, die manchmal – wenn auch nur
ansatzweise – im Erwachsenenbereich eingesetzt werden, verstoßen gegen eine
oder beide Bedingungen.

Dazu gehört z. B. die Methode „Schreiben, wie man hört", Fehler finden lassen, Einsatz von ungünstigen Hilfsmitteln, häufiger Methodenwechsel oder zu
früher paralleler Einsatz mehrerer Lehrwerke.

Durch den Einsatz solcher Methoden wird die Automatisierung des Lesen und
Rechtschreiben Lernens verzögert – wenn nicht sogar verhindert.

Und gerade bei funktionalen Analphabeten, die schon mit ungünstigen Methoden Lesen zu lernen versucht haben, müssen erst ungünstige Automatisierungen
im Gehirn gelöscht werden, bevor Buchstaben und Silben im Gehirn richtig abgespeichert werden.

„Automatisieren bedeutet die Verlagerung der Informationsverarbeitung vom
„Kurzzeitspeicher" in den „Langzeitspeicher" (Jansen, Streit und Fuchs 2012,
S. 17).

„Der Lernende erfährt im Verlauf des Automatisierungsprozesses ein Gefühl
von Kontrolle, Erfolg und Leichtigkeit. All dies kann einen extrem positiven Ein-
fluss auf die Motivation nehmen" (Jansen, Streit und Fuchs 2012, S. 21).

Mehr über die weitreichende Bedeutung der Automatisierung für Lerninhalte
und Eigensteuerung können Sie nachlesen bei Jansen und Streit „Positiv lernen"
in den Kapiteln 11 und 12.

Bei Analphabeten kann man davon ausgehen, dass sie schon viele Jahre im
Bereich Lesen und Rechtschreiben eine ungünstige Eigensteuerung aufgebaut
haben bzw. diese schon verfestigt ist. An vielen Stellen haben diese Menschen
über viele Jahre Lesen und Schreiben vermieden.

Umso wichtiger ist somit, dass kleinschrittig und langsam vorgegangen wird.
„Den meisten Betroffenen gelingt es kaum oder gar nicht, sich für kleine Schritte
intensiv zu **belohnen**. Manchen fällt dies nur schwer, andere wehren sich sogar

dagegen. Dadurch gelingt es ihnen nicht, positive Gefühle an das Lernen zu koppeln. Gelingt dies nicht, wird immer wieder auf der oberen Ebene der Eigensteuerung das Ziel „Vermeiden" aktiviert. Solange es einem von einer Lern- und Leistungsstörung Betroffenen nicht gelingt, sich für kleine Schritte zu belohnen und dabei gut zu fühlen, wird er seine Störung nicht in den Griff bekommen. Ohne eigene Belohnung und ohne Freude und Stolz – auch über kleine Fortschritte – lassen sich die negativen Gefühle nicht verhindern. […] Der Aufbau und die Automatisierung einer positiven Eigensteuerung für das Lernen ist anstrengend. Noch erheblich anstrengender ist es jedoch, wenn bereits hoch automatisierte ungünstige Verhaltensmuster erst einmal **abgebaut** werden müssen, bevor das neue, günstige Verhalten automatisiert werden kann" (Jansen und Streit 2006, S. 205 f.).

Insofern ist auch ein Neustart beim Lesen lernen für deutsche Analphabeten eine große Herausforderung, weil viele von ihnen lange ungünstig gelernt haben.

… Falsch Automatisiertes muss erst gelöscht werden, bevor es neu aufgebaut werden kann.

„Lernmethoden, die beim Lernenden beständig verschiedene Antworten hervorrufen, verlangsamen oder verhindern den Umbau des Gehirns" (Jansen, Streit und Fuchs 2012, S. 22; dort werden auch die ungünstigen Methoden aufgeführt und erläutert, warum sie ungünstig sind).

## 4.6   Die Effektivität verschiedener Lernwege zum Lesen

Studien ergaben, dass „die Kombination aus 2 Übungsbausteinen den größten Lernfortschritt [für das Lesen] ermöglicht:

- **Direktes und intensives Üben der Buchstaben-Laut-Zuordnung** [… und]
- **Üben der phonologischen Bewusstheit"** (Jansen, Streit und Fuchs 2012, S. 24)

Beides wird im Werk „Lesen und Rechtschreiben lernen nach dem IntraActPlus-Konzept" umgesetzt.

## 4.7   Training phonologischer Bewusstheit

Zur phonologischen Bewusstheit „gehören u. a. folgende Fertigkeiten:

- Laute gut unterscheiden zu können;
- Einzellaute zu Lautverbindungen zusammensetzen zu können, d. h. beispielsweise den Laut ‚M‘ und den Laut ‚A‘ zur Lautverbindung ‚MA‘ zusammensetzen zu können […]

Phonologische Bewusstheit ist eine ganz entscheidende Fertigkeit für das erfolgreiche Erlernen von Lesen und Rechtschreiben.“

Phonologische Bewusstheit lässt sich üben. „Am wirkungsvollsten ist ein solches Training, wenn es gleich in Verbindung mit dem Erlernen der Buchstaben durchgeführt wird“ (Jansen, Streit und Fuchs 2012, S. 25).

Auch Erwachsene, die Lesen lernen möchten, können dort Schwierigkeiten haben, die bisher unerkannt geblieben sind. D. h., dass sie von Anfang an schon bei den ersten beiden Buchstaben und der Buchstabenverbindung deutlich mehr Wiederholungen benötigen. Es kann viele Unterrichtsstunden dauern, bis die phonologische Bewusstheit ausreichend trainiert wurde. Es ist für betroffene Personen nicht sinnvoll, mit der gesamten Lerngruppe einfach weiter zu arbeiten. Es muss im individuellen Tempo gearbeitet werden. Gleichschritt mit der Gruppe kann eine Verzögerung des Lernens oder schlimmstenfalls ein Nichtlernen bedeuten.

Wenn schon die phonologische Bewusstheit für die ersten beiden Laute und die erste Silbe nicht vorhanden ist, dann würde jedes Darüberhinweggehen für die betroffene Person bedeuten, dass Lesen lernen nicht stattfinden kann.

Die zu Beginn investierte Zeit ist absolut sinnvoll und notwendig für erfolgreiches Lesen lernen.

## 4.8   Rechtschreiben sicher lernen

In der experimentellen Grundlagenforschung geht man heute davon aus, dass ein Leseanfänger noch nicht über „eine innere bildliche Repräsentation des Wortes“ verfügt. Der Leseanfänger spricht das Wort aus und kommt – sofern er Deutsch gut verstehen und sprechen kann (damit sind z. B. deutsche Herkunftsprachler gemeint, zu denen auch deutsche Analphabeten gehören).

über ein inneres oder lautes Aussprechen zur Bedeutung des Wortes. Der erfahrene Leser verfügt über diesen Weg lebenslang und benutzt ihn z. B. bei selteneren Worten. Bei den häufigen Worten ermittelt er über die Buchstaben – ohne Aussprache – und mithilfe der inneren bildlichen Repräsentation das zu lesende Wort. Das heißt, der kompetente Leser ‚liest über zwei Wege‘. Einen bildlich orientierten und einen lautlich orientierten. Dabei wird der bildlich orientierte Weg für alles verwendet, was sehr gut und häufig überlernt ist. Dem Leseanfänger steht zu Beginn nur der lautliche Weg zur Verfügung.

Für die Rechtschreibung bedeutet das, dass durch ein „sauberes" Lesen, bei dem wirklich jeder Buchstabe einzeln erfasst und verarbeitet wird, eine bildliche Repräsentation des gelesenen Wortes im Gehirn aufgebaut und abgespeichert wird. Das Lesen bahnt also das richtige Schreiben an und sollte deshalb dem Schreiben vorausgehen. Werden Wörter teilweise erraten, so kann es natürlich nicht zu einer sicheren inneren Repräsentation des Wortes kommen und die Rechtschreibung muss deutlich mehr geübt werden.

„Wenn die Rechtschreibung geübt wird, indem bildliche Repräsentationen der Wörter eines Grundwortschatzes gespeichert werden, hat dies einen entscheidenden Vorteil: Für eine bildliche Repräsentation stellen die typischen Schwierigkeiten der Rechtschreibung kein Problem dar" (s. Abb. 4.1).

Damit hat also auch ein Erwachsener, der die deutsche Sprache nicht vollständig beherrscht, auf der bildlichen Ebene keinen Nachteil gegenüber anderen Personen. Diesen Nachteil hätte er aber, wenn er die Rechtschreibung nach Gehör erlernen sollte (Jansen, Streit und Fuchs 2012, S. 26 f.).

Wenn mit Menschen gearbeitet wird, die die deutsche Sprache noch nicht ausreichend beherrschen, dann kann die Lehrkraft natürlich nicht erklären, wie das visuelle Speichertraining abläuft. Sie könnte z. B. Videoaufnahmen vom Ablauf eines Speichertrainings mitbringen und dieses zeigen oder es mit einzelnen Personen in Ruhe

**Abb. 4.1** Wortspeichertraining und Lob für günstiges Arbeitsverhalten. (Foto: Kathrin Heumann)

durchführen. Das ist ein sehr hoher Anspruch an die Lehrkraft, denn die Methode erscheint zunächst langsam und dazu fehlt so manchem Erwachsenen die Geduld. Wenn ein Kursteilnehmer jedoch erst einmal die Erfahrung gemacht hat, dass das visuelle Speichertraining ein sehr effektives Lernen ist (und sich gut anfühlt), dann macht er auch gerne weiter.

Es bietet sich an, mit dem Rechtschreibtraining zu beginnen, wenn die Kursteilnehmer die ersten Wörter schreiben und dabei Fehler entstehen.

Die falsch geschriebenen Wörter werden einzeln richtig auf kleine Kärtchen (DIN A8) geschrieben und systematisch mit einer 5-Fächer-Lernbox oder einem Karteikasten im Format DIN A8 geübt.

Wie das genau geht, können Sie nachlesen im Lehrwerk „Lesen und Rechtschreiben lernen nach dem IntraActPlus-Konzept" im Kapitel „Grundwortschatz üben".

Ein Video dazu finden Sie unter www.intraactplus.de/buecher.

Ob Sie dieses Training tatsächlich durchführen können, hängt von verschiedenen Faktoren ab; z. B. von der zur Verfügung stehenden Zeit und von der Motivation und Geduld der Teilnehmer.

# Grundregeln zur Erhöhung der Lerngeschwindigkeit:

Die Regeln sind hier aufgelistet und kurz erläutert; eine ausführliche Erklärung finden Sie unter dem Download „Lesen und Rechtschreiben lernen nach dem IntraActPlus-Konzept" auf Seite 36 ff. (Jansen & Streit, www.IntraActPlus.de/buecher/).

**Regel 1: Jeden Lerninhalt so häufig wiederholen, bis die richtige Antwort leichtfällt**
Personen ohne Lernstörung wiederholen gern. Personen mit einer Lern- und Leistungsstörung wiederholen ungern. „Hohe Motivation, Aufmerksamkeit und Lerngeschwindigkeit kommen auf Dauer nur zustande, wenn beim ersten Lerndurchgang – und bei allen folgenden – immer ausreichend oft wiederholt wird."

**Regel 2: Bereits beim ersten Lerndurchgang möglichst gut speichern**
Das Gelernte soll bereits beim ersten Lerndurchgang so gut gespeichert werden, dass es danach sicher und leicht wiedergegeben werden kann.

**Regel 3: Wiederholen, bevor vergessen wird**
„Die Häufigkeit des Wiederholens muss wie ein Gummiband an die Lernfähigkeit [jeder einzelnen Person] angepasst werden."

**Regel 4: Unnötige Fehler vermeiden**
„Lernwege müssen immer so aufgebaut sein, dass die [Lernenden] möglichst wenig Fehler machen."

© Springer Fachmedien Wiesbaden GmbH 2018
M. Kuhlmann, *Lesen lernen mit Erwachsenen nach dem IntraActPlus-Konzept*, essentials, DOI 10.1007/978-3-658-18546-6_5

**Regel 5: Rechtschreibfehler möglichst nicht anschauen lassen**
Fehler sollten von Lernenden weder gesucht noch angeschaut werden. Fehler sollten von der Lehrkraft nicht unterstrichen, sondern durchgestrichen und richtig aufgeschrieben werden.

**Regel 6: Immer in Lese- und Schreibrichtung arbeiten**
Lernende sollten niemals in umgekehrter Richtung oder im Bogen lesen, schreiben oder buchstabieren.

**Regel 7: Möglichst nie mehrere neue Lernschritte gleichzeitig einführen**
Wenn mehrere Lernschritte gleichzeitig eingeführt werden, kann es leicht zu einer Überforderung des Kurzzeitspeichers kommen. Die Überforderung führt schnell zu Fehlern und ist unnötig anstrengend.

# Praktischer Einsatz des Materials in verschiedenen Lerngruppen bzw. Situationen (incl. Hausaufgaben)

„Das Arbeitsmaterial ist so gestaltet, dass es in verschiedenen Lernsituationen gleichermaßen effektiv eingesetzt werden kann" (Jansen, Streit und Fuchs 2012)

Allgemeine Informationen zum Arbeiten mit Schulklassen und anderen Gruppen finden Sie in der angegebenen Literatur auf den Seiten 40–41. Eine genaue Anleitung zu den Bereichen „Lesen", „Lautgetreues Schreiben" und „Rechtschreiben" finden Sie auf den Seiten 44 ff.

Für die Lerngruppe ist es sinnvoll, verschieden farbige Ordner zu nehmen und diese individuell (nicht nur mit dem Namen) zu kennzeichnen. Dadurch finden die Teilnehmer, die noch nicht lesen können (!) selbstständig schnell ihren Ordner.

## Gruppensituation

Im Alphabetisierungskurs kann man davon ausgehen, dass die Gruppe sehr heterogen ist. Von daher ist es von besonderer Bedeutung, dass schon frühzeitig mit dem individuellen Arbeiten begonnen wird.

Noch heterogener ist die Gruppe, wenn mit Migranten insbesondere mit Asyl suchenden gearbeitet wird. Einige Teilnehmer haben möglicherweise nie oder nur wenige Jahre eine Schule besucht und andere haben in ihrer Heimat ein dem Abitur vergleichbares Zeugnis oder auch einen Hochschulabschluss erworben. Außerdem können auch Teilnehmer mit den unter Abschn. 2.2 genannten Schwierigkeiten teilnehmen.

Die Langsamkeit ist sehr wichtig. Sobald Kursteilnehmer überfordert sind, besteht die Gefahr, dass sich eine Lern- und Leistungsstörung entwickelt. D. h.: Die Teilnehmer haben nicht mehr das Oberziel, lernen zu wollen (dazu gehört auch, sich anzustrengen, langsam zu arbeiten, gut zu wiederholen usw.), sondern sie versuchen dann, das Lernen zu vermeiden und irgendwie darum herumzukommen.

© Springer Fachmedien Wiesbaden GmbH 2018
M. Kuhlmann, *Lesen lernen mit Erwachsenen nach dem IntraActPlus-Konzept*, essentials, DOI 10.1007/978-3-658-18546-6_6

D. h., dass ein Teilnehmer mit solch ungünstigem Verhalten sofort unter seinen Möglichkeiten bleibt.

Deshalb ist es wichtig, individuell auf einzelne Teilnehmer einzugehen und ihnen zu zeigen, wie sie selbstständig mit dem Material arbeiten können.

**Einzelarbeit**

Damit jeder Teilnehmer seinen Stärken und Fähigkeiten entsprechend lernen kann, ist es wichtig, möglichst früh alle Teilnehmer zum individuellen und selbstständigen Lernen zu befähigen. Dazu gehört, dass die Handhabung des Lesefensters und Lesefingers (s. Abb. 3.2) genauso wie eine gute Sitzhaltung (s. Abb. 3.4) und auch die Leserichtung von links nach rechts überlernt wurden – oder sogar bereits automatisiert sind.

Die Lerninhalte sollten zunächst sehr leicht bleiben, da es besonders am Anfang darum geht, eine gute Eigensteuerung aufzubauen. Dazu gehört auch, sich selbst für gutes Arbeitsverhalten (Anstrengung, Langsamkeit, Wiederholung usw.) zu loben.

Ein Hinweis zu den Farbfeldern: Die Benennung der Farbe dient dazu, den Kurzzeitspeicher im Gehirn zu löschen und den Lerninhalt in den Langzeitspeicher zu verlagern. Dazu ist es wichtig, dass die Farbfelder nicht übersprungen (was Erwachsene gerne tun), sondern wirklich benannt werden. Die Farben können auf Deutsch benannt werden oder in der Herkunftssprache des Schülers oder der Schülerin. Wichtig ist, dass nicht zu lange überlegt wird, denn dann ist es umso schwieriger, den Lerninhalt von den vorherigen Feldern abzurufen.

**Partnerarbeit**

Die Fähigkeit zur Partnerarbeit kann nicht vorausgesetzt werden (s. Abb. 4.1). D. h., dass auch sie erst ausreichend trainiert werden muss. Dazu sollte auch das „Feedback im Sekundenfenster" (s. „Kap. 3") mit Lob durch den jeweiligen Partner bzw. die Partnerin und die Ziehleiste zum Abbau ungünstigen Verhaltens gehören.

Wenn die Partnerarbeit gut funktioniert und sich die Teilnehmer auch außerhalb des Unterrichts zum Lernen und Arbeiten treffen, dann ist das Lernen noch effektiver.

Auch für die Partnerarbeit gilt, dass die Partner die allgemeinen Regeln wie Lesefenster, Lesefinger usw. unbedingt beachten. Einige Teilnehmer mögen beides immer wieder für unnötig halten; die Erfahrung zeigt aber, dass beides seine Berechtigung hat. Es findet damit eine Fokussierung der Aufmerksamkeit statt, es entstehen weniger Fehler und der Leselernprozess wird damit effektiver gestaltet.

**Kleingruppe für langsamere Lerner**
Während fortgeschrittene Lerner selbstständig in Einzel- oder Partnerarbeit arbeiten, kann die Lehrkraft mit einer Kleingruppe – so langsam wie nötig – weiterarbeiten.

**Hausaufgaben**
Hausaufgaben dienen der Wiederholung der im Unterricht trainierten Lerninhalte. Dazu können die Kursteilnehmer Material aus dem Leseordner mit nach Hause nehmen. Der Ordner sollte möglichst in der Schule gelagert werden.

Sinnvoll ist es, zusätzliche Lesefenster anzufertigen, da diese gelegentlich zu Hause vergessen werden und dann im Unterricht fehlen.

Hier möchte ich noch einmal auf die APP zum Lesekonzept (www.intraact-plus.de/app-lesen-lernen) hinweisen. Sie eignet sich hervorragend zur Wiederholung des Unterrichts bzw. zum selbstständigen Lernen und Weiterlernen zu Hause.

# Fazit 7

Die Stunden im Alphabetisierungskurs waren stets von Dankbarkeit und gegenseitiger Wertschätzung erfüllt. Die Atmosphäre war immer positiv und nach den ersten drei oder vier Terminen gab es auch kein Auslachen und Vorsagen mehr.

Es ist ein unglaubliches Geschenk, erwachsene Menschen beim Leselernprozess begleiten zu dürfen und zu erleben, wie sie auf einmal ganze Sätze lesen können. Das Geschenk wird noch überwältigender, wenn es sich dabei beispielsweise um eine ältere Migrantin handelt, die in ihrer Heimat nicht die Möglichkeit oder Erlaubnis zum Schulbesuch hatte.

Ich wünsche den Lesern dieses *essentials* den Mut und schließlich die Erfahrung und Freude, Menschen beim Leselernprozess zu begleiten.

© Springer Fachmedien Wiesbaden GmbH 2018                    43
M. Kuhlmann, *Lesen lernen mit Erwachsenen nach dem IntraActPlus-Konzept,* essentials, DOI 10.1007/978-3-658-18546-6_7

# Was Sie aus diesem *essential* mitnehmen können

- Wie Sie die Herausforderung meistern, einen Alphabetisierungskurs mit einer heterogenen Gruppe erfolgreich durchzuführen.
- Wie Lern- und Leistungsstörungen abgebaut werden können
- Zusammenhänge zwischen Gefühlen und Lernen
- Wie Lernen erfolgreich und mit Freude stattfindet
- Wie gutes Lesen und gute Rechtschreibung aufgebaut werden können

© Springer Fachmedien Wiesbaden GmbH 2018
M. Kuhlmann, *Lesen lernen mit Erwachsenen nach dem IntraActPlus-Konzept,* essentials, DOI 10.1007/978-3-658-18546-6

# Literatur

Bundesverband Alphabetisierung und Grundbildung e.V. www.alphabetisierung.de. Zugegriffen: 30. Mai 2017.

IntraActPlus. https://www.intraactplus.de/buecher/lesen-und-rechtschreiben-lernen/intraactplus-aussprache-buchstaben/. Zugegriffen: 30. Mai 2017.

Jansen, F., & Streit, U. (2006). *Positiv lernen. Für Kinder, Jugendliche und Erwachsene. Mit Beiträgen zu Legasthenie und Dyskalkulie. Das IntraActPlus-Konzept* (2. Aufl.). Heidelberg: Springer Medizin.

Jansen, F., & Streit, U. www.IntraActPlus.de/buecher/. www.IntraActPlus.de/buecher/. Zugegriffen: 22. Aug. 2016.

Jansen, F., Streit, U., & Fuchs, A. (2012). *Lesen und Rechtschreiben lernen nach dem IntraActPlus-Konzept. Vollständig individualisiertes Lernen in Klasse 1 und 2, Frühförderung, Kindergarten und Vorschule. Verhindert und therapiert Legasthenie* (2. Aufl.). Berlin: Springer Medizin.

Kuhlmann, M. www.Michaela-Kuhlmann.de. Zugegriffen: 30. Mai 2017.

## Über die Autoren des IntraActPlus-Konzeptes

https://www.intraactplus.de/jansen-und-streit-2/

© Springer Fachmedien Wiesbaden GmbH 2018
M. Kuhlmann, *Lesen lernen mit Erwachsenen nach dem IntraActPlus-Konzept*, essentials, DOI 10.1007/978-3-658-18546-6

# Lesen Sie hier weiter

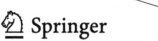

Fritz Jansen, Uta Streit

**Positiv lernen**

2006. XIV, 347 S.
Hardcover: € 32,99
ISBN: 978-3-540-21272-0

 Springer

**Springer**

springer.com

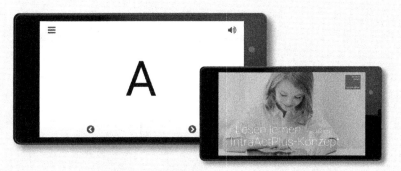

# Lesen lernen nach IntraActPlus jetzt auch als App für Tablet und Smartphone

- Lernen unterwegs und ohne Papier: Der komplette Teil zum Lesen lernen in einer App
- Integriertes Audiofeedback ermöglicht selbstständiges Lernen
- Kinder und Erwachsene mit Migrationshintergrund lernen die richtige Aussprache von Buchstaben, Silben und Wörtern
- Erhältlich im App-Store (iOS für iPad und iPhone) sowie bei Google Play (Android-Tablets und -Smartphones)

**Testversion kostenlos – Vollversion für 19,99 €**

**Basiert auf:**

**Erscheint 2017:**
Tipps zum Einsatz des IntraActPlus-Konzepts in der Arbeit mit Migranten und Analphabeten

F. Jansen, U. Streit, A. Fuchs
**Lesen und Rechtschreiben lernen**
nach dem IntraActPlus-Konzept
2. Aufl. 2012, 632 S. in Farbe
*29,99 € (D) | 30,83 € (A) | CHF 37.50
ISBN 978-3-642-25585-4

€ (D) sind gebundene Ladenpreise in Deutschland und enthalten 7 % MwSt. € (A) sind gebundene Ladenpreise in Österreich und enthalten 10 % MwSt. Die mit * gekennzeichneten Preise sind unverbindliche Preisempfehlungen und enthalten die landesübliche MwSt. Preisänderungen und Irrtümer vorbehalten.

Erhältlich im App-Store sowie bei Google Play

Printed in the United States
By Bookmasters